발표회를 위한

핸드벨 연주곡집

박장희

2003년 12월 24일, 예술의 전당에서 열린 크리스마스 오케스트라 공연의 마지막 무대.

그날, 초등학생들이 들려준 맑고 순수한 핸드벨 연주는 제 마음 깊은 곳에 오랫동안 남았습니다.

손끝에서 울려 퍼지는 투명한 종소리, 서로의 호흡이 어우러진 화음, 그리고 그 안에서 느껴진 따뜻한 감동은 지금까지도 잊혀지지 않습니다.

그 순간이 바로 제가 '핸드벨'이라는 악기와 인연을 맺게 된 시작이었습니다.

처음에는 서툴고 낯설었습니다. 하지만 아이들과 함께 한 번, 또 한 번 연주를 이어가며, 핸드벨이 단순한 악기가 아니라 '사람의 마음을 잇는 매개'라는 사실을 깨닫게 되었습니다. 모두가 같은 리듬에 집중하고, 서로의 타이밍을 기다리며, 함께 완성해가는 과정 속에는 음악 이상의 가치가 담겨 있습니다.

완성된 곡이 울려 퍼질 때 느껴지는 성취감은 누구 한 사람의 것이 아닌, 함께한 모두의 기쁨으로 배가되어 돌아왔습니다. 그것이 바로 핸드벨이 가진 진정한 매력이며, 다른 어떤 악기와도 다른 특별한 예술적·정서적 힘이라고 믿습니다.

AI와 기술이 중심이 된 시대일수록, 우리는 더욱 '사람의 감성'을 잃지 않아야 합니다. 핸드벨은 바로 그 감성을 지켜주는 악기입니다. 아이들에게는 협동과 공감의 힘을 길러주고, 어르신들에게는 정서적 안정과 기억의 자극을 선사합니다. 학교와 교회, 복지관, 실버학교 등 다양한 공간에서, 세대를 초월하여 음악으로 잇는 아름다운 소통의 도구가 되어줄 것입니다.

이 책은 오랜 지도 경험을 바탕으로, 선생님들이 현장에서 보다 쉽게 활용할 수 있도록 구성하였습니다. 최신곡, 동요, 캐롤 등 다양한 장르의 악보와 반주를 함께 수록하여, 어디서든 바로 연주할 수 있도록 실용성을 더했습니다. 핸드벨을 처음 접하는 분들부터 오랫동안 지도해온 분들까지 모두에게 도움이 되는 교재가 되기를 바랍니다.

　한 사람의 감동에서 시작된 작은 울림이, 이제는 많은 이들의 마음 속에서 따뜻하게 퍼져 나가기를 소망합니다. 이 책을 통해 더 많은 이들이 핸드벨의 아름다움과 그 울림 속에 담긴 감성을 함께 느끼시길 바랍니다.

　끝으로, 이 책이 수정될 때마다 세심한 지도, 편달로 올바른 방향성을 제시해 주신 '한국 핸드벨 교육협회'(KHEA) 강대욱 회장님께 진심으로 감사의 인사를 드립니다.

　이 책이 제작되는 과정에 도움을 주신 김포 솔터초등학교 핸드벨 동아리부 학생들과 교장 선생님, '그래서 음악 출판사' 사장님과 직원분들, 언제나 든든한 지원군이자 버팀목이 되어 준 남편 그리고 여태까지의 교육 현장에서 이 여정을 함께 해준, 지금도 어디에선가 자신들의 빛을 비추고 있을 수많은 초롱이들에게 감사를 드립니다.

　전국의 모든 선생님들께 이 책을 바칩니다.

2025년 11월

박장희

음악을 사랑하던 제자가 이제는 한 권의 교본으로 그 마음을 나누게 되었다니 기쁩니다. 이 책에는 핸드벨로 연주하기 좋은 명곡들과 아이들이 좋아할 곡들이 조화롭게 담겨 있습니다. 이 교본으로 교실 속에서 음악의 즐거움을 넓혀나가고 함께 어우러지는 소리의 아름다움이 교실마다 퍼져나가길 바라며 저자의 열정과 노고에 진심 어린 찬사를 보냅니다.

서울 목원초등학교 교장 김윤옥

박장희 선생님의 핸드벨 교본 출판을 축하드립니다.

다양한 레퍼토리와 아름다운 화음 편곡, 핸드벨이 가지고 있는 특징과 연주기법이 잘 표현되어 있음은 선생님의 오랜 경험과 노력, 열정이 결실을 맺은 결과라 생각합니다. 이 책이 핸드벨을 지도하시는 분들과 아이들에게 아름다운 멜로디로 울리게 되기를 기대합니다.

플루티스트 조은미

핸드벨을 처음 접하는 교사로서 이 연주곡집은 정말 유용했습니다. 각 곡의 연주 주법이 QR코드 영상으로 연결되어 있어, 책만으로는 이해하기 어려운 부분도 쉽게 익힐 수 있었습니다. 또한 수록된 곡들이 전통적인 명곡부터 최신 곡까지 다양해 학생들과 함께 연주할 때 세대 간 공감대를 형성하기 좋았습니다. 편곡도 수준에 맞게 잘 구성되어 있어 입문자들도 부담 없이 도전할 수 있었습니다. MR 반주가 함께 제공되어 실제 합주처럼 연습할 수 있는 점도 큰 장점입니다. 수업이나 공연에서 활용하기에 감각적이고 실용적인 곡집이라 추천하고 싶습니다.

서울 흑석 초등학교 교사 김윤선

　맑고 고운 울림으로 아이들의 마음을 두드리는 핸드벨. 그 아름다운 소리를 통해 음악의 기쁨과 협동의 가치를 가르쳐 주시는 박장희 선생님께서, 오랜 교육 경험과 깊은 애정을 담아 핸드벨 교육용 교재를 발간하셨다는 소식을 듣고 진심으로 기쁘고 감사한 마음입니다.

　이 교재는 핸드벨을 처음 접하는 학생들에게는 친절한 길잡이가 되어주고, 지도하는 교사들에게는 실질적인 도움과 영감을 주는 훌륭한 자료가 될 것입니다.

　특히 아이들의 눈높이에 맞춘 설명과 단계별 지도법은 교육 현장에서 바로 활용할 수 있어 더욱 뜻깊습니다.

　박장희 선생님의 헌신과 열정이 담긴 이 교재가 널리 읽히고 사랑받아, 더 많은 아이들이 핸드벨의 울림 속에서 음악의 즐거움과 함께하는 기쁨을 경험하길 바랍니다.

김포 솔터초등학교 교장 조상국

　핸드벨을 준비하는 과정에서 아이들이 협동심을 배우고 서로를 존중하며 성장하는 모습을, 교사가 된 초등학교 친구에게 들으며 깊은 인상을 받았습니다.

　두 아이의 부모이자 아이들의 건강한 성장을 바라며 일해온 사람으로서, 저자가 교육 현장에서 오랜 시간 쌓아온 경험과 진심이 더 많은 아이들에게 전달되기를 바라는 마음으로 이 책의 출판을 기꺼이 응원하게 되었습니다.

　저자는 교실 안에서 아이들과 끊임없이 소통하며, 작은 벨 하나가 마음을 열고 관계를 변화시키는 과정을 직접 지켜본 사람입니다. 그 전문성과 헌신이 담긴 이 교본이 많은 교사들에게 좋은 안내서가 되고, 아이들에게는 협력과 존중을 배우는 따뜻한 경험이 되기를 기대합니다.

　더불어 핸드벨의 맑은 울림이 모든 이에게 기쁨과 위로로 전해지기를 진심으로 바랍니다.

머머코리아(주) 대표 김주진

차례

핸드벨에 대하여

기초 연습을 위한 연주곡

'핸드벨'에 대하여

핸드벨의 유래 및 역사

인간이 종을 사용한 것은 기원전 몇 천 년 전부터였어요. 기원 후 4세기경 콘스탄틴 황제가 기독교를 공식적으로 인정하면서 기독교의 전파와 함께 종소리의 사용도 널리 퍼지게 되었는데, 그때 당시 교회에서는 종을 쳐서 예배의 시작을 알리곤 했거든요. 물론 지금까지도 종을 쳐서 예배 시간을 알리는 교회들이 있기는 해요.

그러다가 16, 17세기경 영국에서 음악적인 요소를 가미한 종소리가 울려퍼지기 시작했어요. 'Change ringing'이라는 것인데, 교회의 탑에 달아놓은 종을 사람들이 줄을 붙잡고 일정한 순서에 따라 쳐서 멜로디를 내게 하는 방식이었어요. 그런데 사람들이 줄을 붙잡고 치기엔 너무 힘들고 무거웠겠죠? 그리고 연습하는 시간이 많이 걸렸을 거에요.

그래서 그것을 연습하기 위해서 작은 종에 손잡이를 만들었는데 그것이 '핸드벨(Hand bell)'의 시초가 되었답니다.

우리나라에선 1976년 미국 침례교 선교사 Mac Daniel에 의해 처음으로 핸드벨이 소개되었고, 1985년 한국 핸드벨 협회(K.H.A)가 발족되어 현재까지 다양한 단체에서 연주 활동을 이어오고 있습니다.

핸드벨의 종류

핸드 차임(Hand chime)

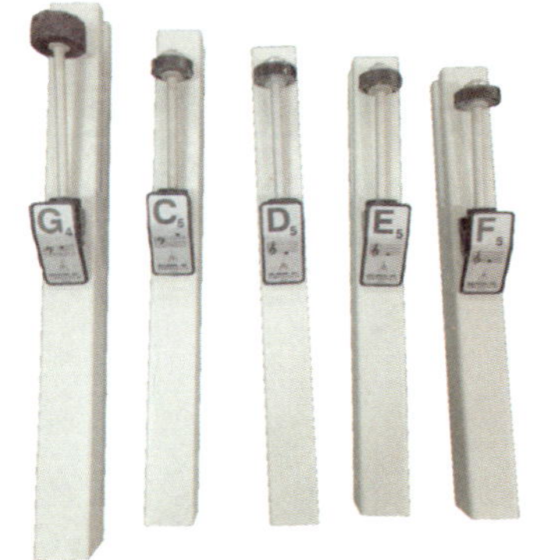

손으로 연주하는 긴 막대기 모양의 차임(Chime)으로 제조 회사에 따라 '멜로디 차임', '콰이어 차임' 그리고 '톤 차임'으로 불리기도 합니다. 핸드 차임은 소리가 은은하고 부드럽게 길게 울리는 것이 특징입니다. 또한 연주하기가 수월해서 교육용으로도 널리 사용되고 있습니다.

핸드벨(Handbells)

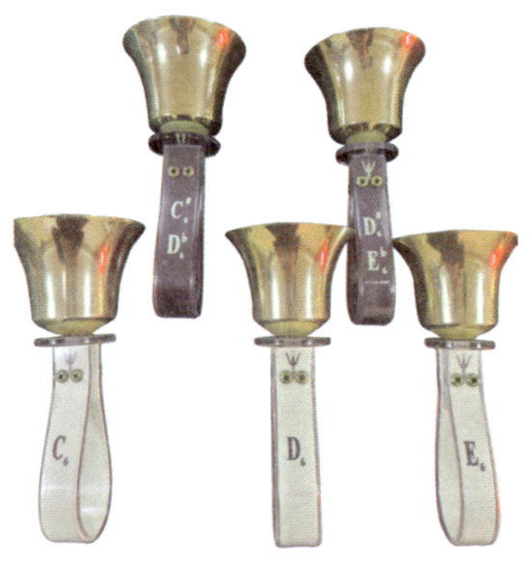

손으로 잡고 치는 종 모양의 악기로 추가 달린 종, 핸드 가드, 손잡이로 구성됩니다. 연주 방식, 음색, 연주 용도에 따라 크기와 종류가 다양하고 가격 면에서도 큰 차이를 보입니다.

뮤직벨(Music bells)

주로 교육용으로 쓰이는 벨로 시중에서 쉽게 구할 수 있고, 아이부터 어른, 장애인, 노인들도 쉽게 접할 수 있습니다. 계이름에 따라 색깔이 칠해져 있고, 8음, 13음, 20음, 25음 각각 세트로 구입할 수 있습니다. 종류에 따라 스프링벨과 터치·콤비벨, 그리고 브라스벨로 나뉘기도 합니다.

# 핸드벨 연주 주법

주법 이름	기호	연주법 해설	연주 영상
Ring (링 주법)	**R**	기본적인 주법으로 벨을 한번 울리는 것을 말합니다. 보통 악보에 아무 표시가 없다면 링(ring)으로 연주합니다. 손목의 스냅을 이용하여 튕기는데, 이 때 팔은 아래에서 위로 원을 그리듯이 움직여서 친 후 다시 핸드벨을 몸 쪽으로 가져옵니다.	
Damp (댐프 주법)	⊕	핸드벨을 연주한 후 몸 쪽에 살짝 닿게 해서 소리를 멈추게 하는 방법입니다. 댐프 주법은 한 음에서 다음 음으로 넘어갈 때 이전 소리의 잔향이 남지 않도록 하는 데 사용됩니다.	
Shake (셰이크주법)	〜	벨을 빠르게 흔들어 울리는 것으로 주로 긴 박을 연주할 때 사용됩니다.	
LV (Let Vibration)	**LV**	벨의 음이 오래 지속되기를 원할 때 사용하는 주법으로 Damp, R 등의 표시가 나타날 때까지 유지시킵니다.	
Martellato (마르텔라토)	▼	벨을 들어 테이블에 수평으로 내리치면서 소리를 내는 주법인데 핸드벨에 무리가 가지 않도록 주의해야 합니다.	
Swing (스윙)	**Sw** ↕	팔을 뻗어서 벨을 울린 다음 몸을 살짝 뒤로 빠진 채 팔을 옆으로 내렸다가 다시 팔을 올려서 자세를 취하는 방법입니다.	

주법 이름	기호	연주법 해설	연주 영상
Echo (에코)	↱	벨을 치고 테이블을 쳐가면서 메아리를 일으키는 것과 같은 소리를 내는 주법입니다.	
Gyro (자이로)	↺	벨을 치고 손목을 천천히 회전시켜 소리가 마치 미끄러져 가는 듯한 효과를 내는 주법입니다.	
Pluck (플럭)	**Pl**	테이블 위에 핸드벨을 놓고 손으로 추를 튕겨서 소리를 내는 주법입니다.	
Mallet (말렛 주법)	+	실로폰 말렛을 이용하여 벨의 바깥부분을 때리는 방법입니다.	
Thumb Damp	**TD**	엄지손가락으로 벨을 터치하여 스타카토와 같은 효과를 내는 주법입니다.	

핸드벨 연주 자세

▸ 핸드벨 손잡이를 손바닥으로 감싸듯이 잡는데 너무 꽉 쥐지 않도록 합니다. 이때 손가락이 핸드벨 종(캐스팅)에 닿으면 소리가 울리지 않거나 탁해지기 때문에 종(캐스팅) 부분에 닿지 않도록 주의합니다.

(○)　　　　　　　　　(×)

▸ 편안한 자세로 서서 시선은 앞쪽을 향합니다.

▸ 팔과 어깨에는 힘이 들어가지 않도록 유의하고 손목 스냅의 힘을 이용하여 엄지손가락으로 튕겨서 Ring주법을 연주합니다. 앞을 향해 치고 원을 그리듯이 위로 올린다음 다시 가슴쪽으로 가져오는 과정이 반복되도록 연주해야 소리도 깔끔하고 보기에도 정돈된 느낌을 줄 수가 있습니다.

▸ 항상 바닥과 수직이 되게 핸드벨이 바르게 서있도록 해야 합니다. 눕히거나 거꾸로 들면 제대로 된 연주를 할 수가 없습니다.

(○)　　　　　　　　　(×)

핸드벨 교육의 이점

▸ 절대음감 형성

절대음감이란 음의 절대적인 높이를 파악하는 능력으로 대략 2000명 중의 한명 정도가 선천적으로 타고나는 것으로 알려져 있습니다. 절대음감이라고 하면 음악성에만 국한되는 것으로 알고 있지만, 수학이나 물리학 등 이과계에서 필요로 하는 적성과도 연결되는 감각이라는 연구결과도 있습니다. 레오나르도 다빈치나 세종대왕 등 다재다능한 능력을 타고나 역사적으로 위대한 업적을 남긴 그분들을 보면 절대음감의 소유자라고도 거론되는데, 단지 음악만 잘하시는 것이 아니었죠. 이렇게 좋은 절대음감을 10살 이전 음악적 경험을 통해서 후천적으로 향상시킬 수 있다는 보고와 함께 음악교육에 있어서 절대음감 형성은 이제 중요한 요소로 자리잡고 있습니다. 다른 선율악기들과 다르게 핸드벨은 연주자들이 대열을 맞춰 섰을 때 음의 배열이 시각적으로 나타나고 다른 연주자가 친 음을 들어야 내가 맡은 음을 칠 수 있다는 독특한 방식 때문에 절대음감을 형성시킬 수 있는 좋은 연주 방편이 될 수 있습니다.

▸ 음악적 감각 향상

자신에게 배정된 음을 정확하게 쳐야 하기에 박자감과 음감을 향상시킬 수 있고, 대부분의 곡에서 화음연주가 있기 때문에 화음감도 기를 수 있습니다.

▸ 협동심과 책임감을 통한 사회성 증진

핸드벨 연주는 한 곡을 완성하기 위해서 모든 사람이 일정수준 이상의 수준에 도달해야 한다는 전제를 필요로 하므로 하나의 공동목표를 향해 전체를 아우르는 화합이 생겨납니다. 잘하건 못하건 공동의 작업이 되어 하나의 산을 넘은 듯한 희열을 함께 공유하며, 연주되는 곡의 완성을 통한 기쁨과 서로에 대한 감사도 느낄 수 있습니다. 전체연습과 소그룹별 연습 시 자신의 파트가 빠지면 곡 전체의 완성도에 직결되는 영향을 줄 수 있으므로 자신의 파트를 책임져야 한다는 책임감도 함께 기를 수 있습니다.

음을 듣고 치는 활동은 연주자의 주의 집중능력을 향상시키는 것과 동시에 협응 능력(눈, 귀-손)과 소근육이나 대근육 운동을 증진시킬 수 있습니다.

▸ 노인성 치매예방과 음악치료 효과

핸드벨 연주는 노화로 인해 퇴화된 근육이나 감각 신경 등을 자극하여 신체를 유연하게 가꿀 수 있는 운동 같은 효과를 낼 수 있습니다. 실제로 노인복지센터에서 핸드벨 연주활동이 실시되고 있으며 그 효과가 입증되는 추세에 있습니다. 또한 전문적인 기술을 요하지 않기 때문에 장애아들의 음악치료 프로그램으로도 활용되고 있습니다. 모든 연주자가 마치 하나의 작품을 완성시키는 과정 안에 있듯 자신의 파트를 연주하기 위해 듣고 기다려야 하는 인내심과 침착성을 기를 수 있고, 누구도 대신 해줄 수 없는 각자의 책임과 역할의 중요성에 따라 자아 효능감과 정서발달도 증진시킬 수 있습니다.

지도하시는 선생님들께

다음은 핸드벨 연주 지도 시 참고 할 사항들입니다. 지난 20년간 핸드벨을 지도하며 가장 기본적인 노하우들을 담았습니다. 이런 기본적인 틀 외에도 다른 세부적인 사항들은 각각의 상황에 맞게 알맞게 창조, 변형하여 시행하시면 좋겠습니다.

- 핸드벨 지도시 가장 먼저 곡 전체 계이름을 학생들이 능숙하게 암기할 수 있도록 해주세요! 핸드벨 연주는 곡에 대한 전체 가락을 완벽하게 익힌 후에 본격 연습에 들어가야 무리 없이 진행될 수 있습니다. 필요하다면 멜로디언이나 리코더와 같은 가락악기로 그 곡을 연주해보게 하는 것도 좋은 방법입니다. 만일 한 학생이라도 제대로 암기하지 못했다면 그 학생을 위해서 기다려주시는 것이 전체를 위해서 필요한 단계입니다.

- 핸드벨을 한 개만 잡고 연주하는 경우와 양손에 같은 음을 두 개를 잡고 연주하는 경우, 그리고 양손에 한음씩 서로 다른 음의 두 개의 핸드벨을 잡고 연주하는 경우가 있는데 곡의 난이도나 학생들의 수준에 따라서 결정하시면 됩니다. 8음 이내의 간단한 쉬운 곡은 각자 한 개의 핸드벨을 잡고 연주하기도 하지만 보통의 경우에는 양손에 다른 두 개의 음을 잡고 연주하는 것이 더 일반적입니다. 그리고 양손에 핸드벨을 잡고 연주하는 것이 시각적으로도 완성도가 더 있어 보입니다.

- 모둠별 연습 시 곡 전체 연주가 가능하도록 모든 음이 한 모둠 안에 속하도록 멤버를 구성하여 조직하시는 것이 좋습니다. 그리고 연습 후에는 모둠별 발표를 통해 자신의 부족한 부분의 피드백이 이루어지도록 함으로써 전체 연습 시 더 향상된 모습으로의 발전을 도모하게 할 수가 있습니다. 그리고 각 모둠별로 핸드벨 박스장을 정하여 연습 때마다 박스장이 책임지고 핸드벨을 나눠주고 정리할 수 있도록 한다면 한층 정돈된 연습시간을 누릴 수 있을 것입니다.

- 핸드벨 연주 대형 배열 시 학생들 기준으로 '왼쪽에서 오른쪽으로 갈수록 낮은음에서 높은음으로'의 배열이 되도록 하시는 게 좋습니다. 악기의 기본이 되는 피아노 건반의 경우 왼쪽에서 오른쪽으로 갈수록 음높이가 점점 높아집니다. 여기에 적응되어 있는 학생들을 감안하여 오른쪽으로 갈수록 음높이가 높아지는 배열을 취하시는 것이 연주에 효율적입니다.

- 핸드벨 연주회 지도 시 간주가 들어간 부분에서는 학생들의 율동을 넣어서 시각적인 재미를 더할수도 있습니다. 곡의 분위기에 따라서 다르지만 가령, 박자에 맞춰 무릎을 구부리며 일어나기를 반복하는 유형이나 고개를 좌우로 흔드는 활동 등은 보는 사람들로 하여금 연주를 더욱 풍성하게 보이도록 합니다.

- 이 책에 QR코드로 수록된 반주곡들은 실제 연주회에서 쓰일 수 있도록 제작되었습니다. 반주를 틀어주시고 선생님께서 지휘를 하실 수 있도록 기획되었지만 선생님께서 직접 반주를 하시고 지휘없는 핸드벨 연주를 이끌어도 무방합니다.

- 간혹 중간에 곡의 조가 바뀌어 반음으로 바뀌게 되는 곡들이 있습니다. ('수고했어 오늘도', '풍선'....) 이 때는 원래의 원음과 반음을 같이 들고 무대에 올라가서 원음으로 연주하다가 반음으로 바뀌게 되는 부분부터 반음 핸드벨로 교체하게 하는 방법(예를들어, '미'와 '파'를 연주하는 학생이 '미'와 '파'를 연주하다가 '미'와 '파#'으로 바꿔서 연주)이 있고, 아니면 처음부터 반음과 원음 연주자를 따로따로 세워 연주하게 하는 방법이 있습니다.

'핸드벨 연주 지도'라는 독특한 세계에 각자의 방식으로 성공적으로 다가가게 되시기를 기원합니다.

기초 연습을 위한
연주곡

반주 QR

나비야

독일 민요

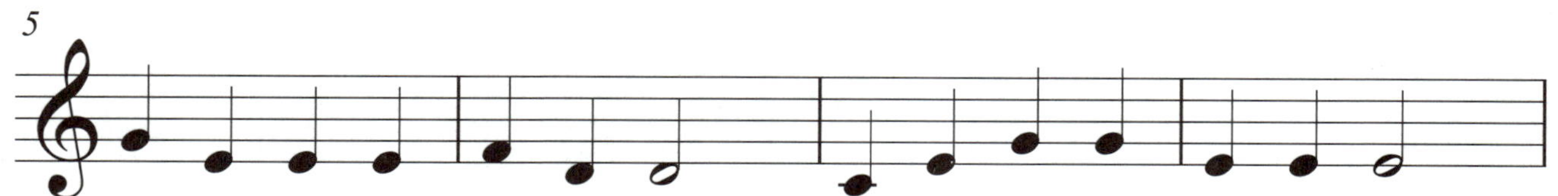

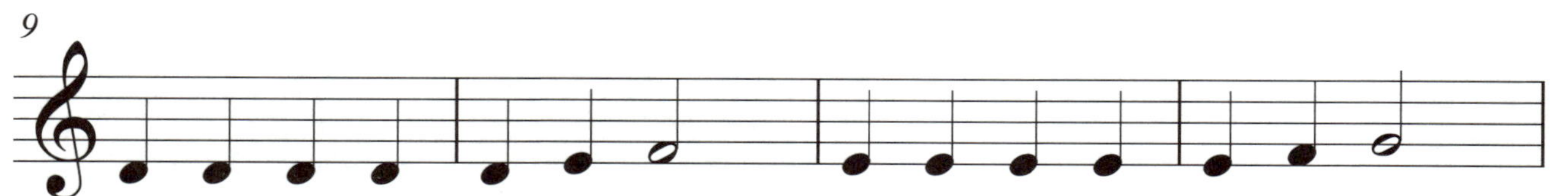

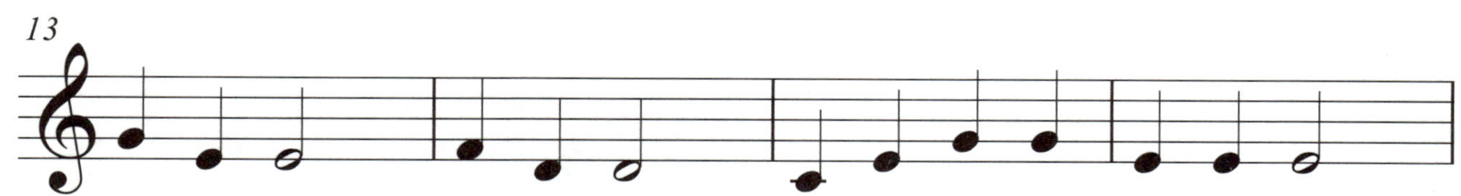

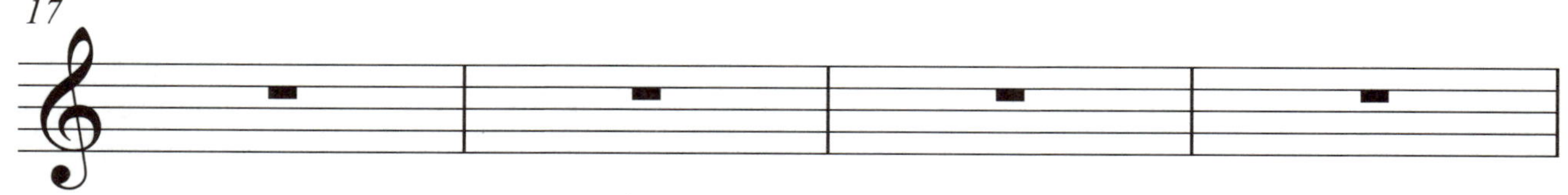

비행기

윤석중 작사, 미국 민요

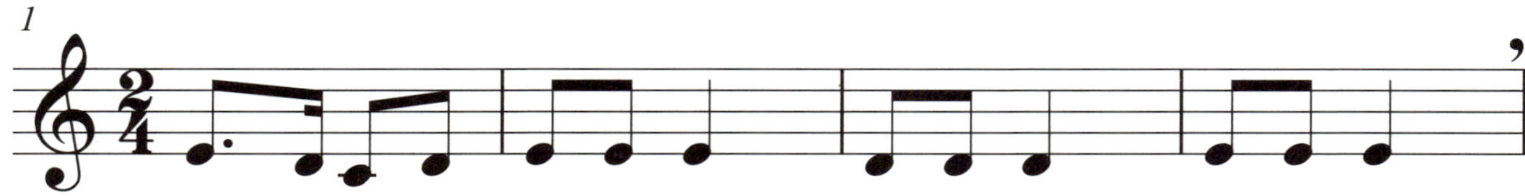

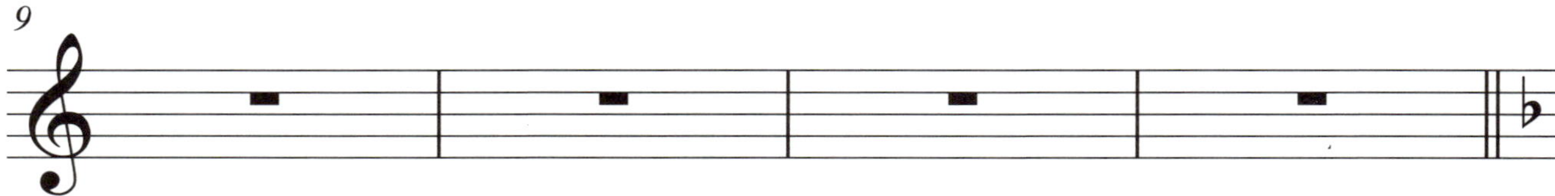
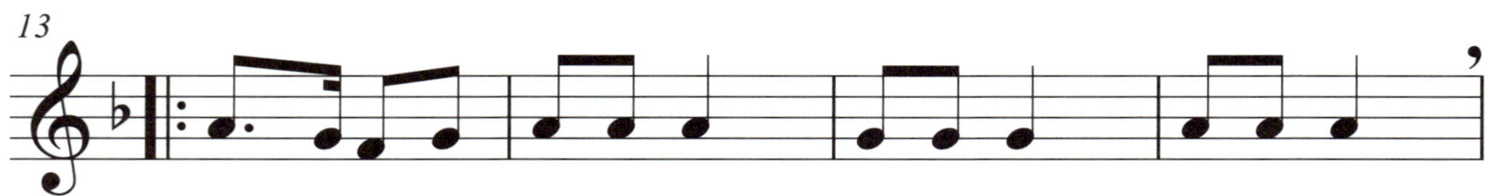

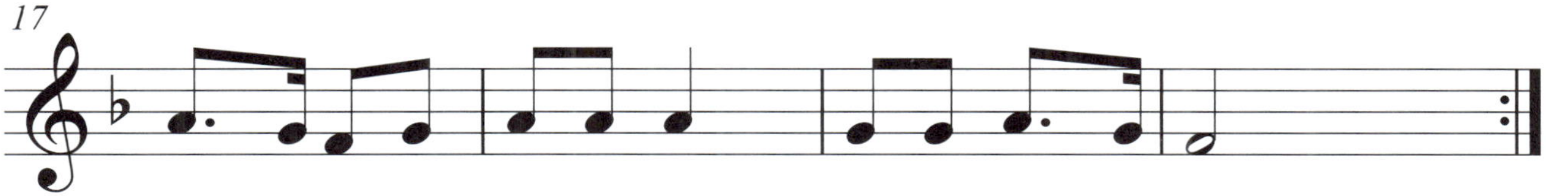

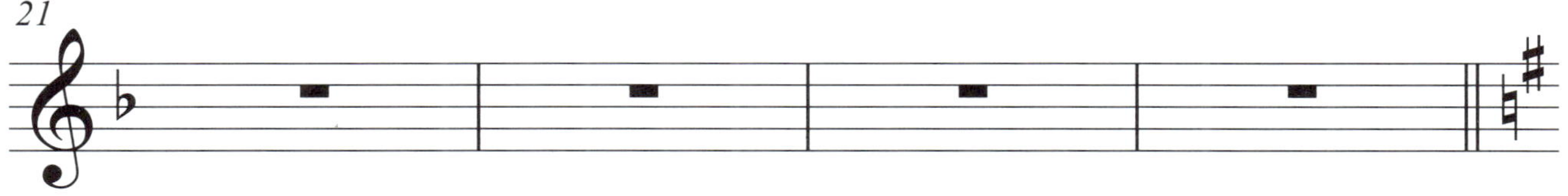

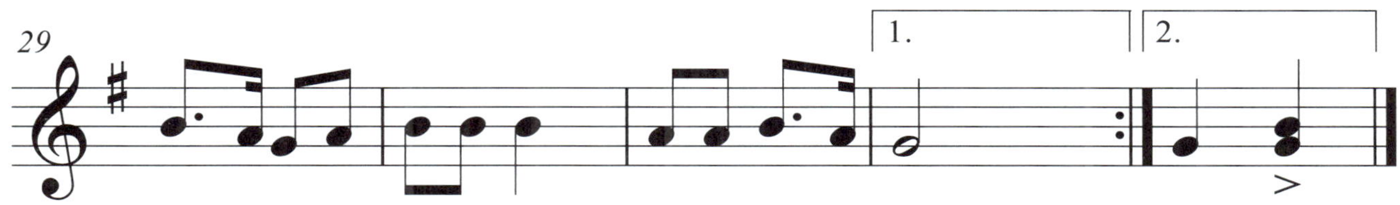

허수아비 아저씨

김규환 작사, 작곡

반주 QR

산토끼

이일래 작사, 작곡

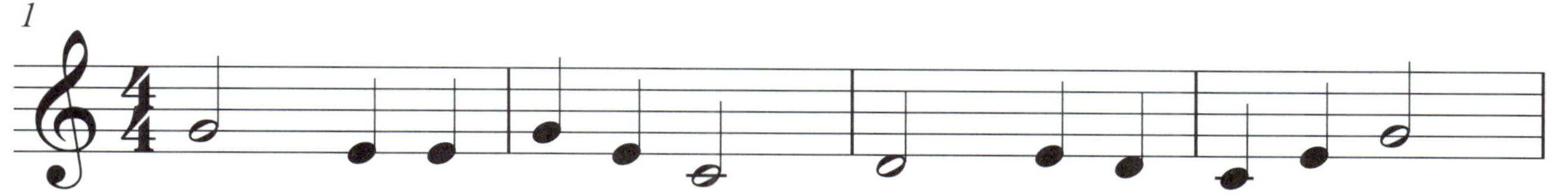

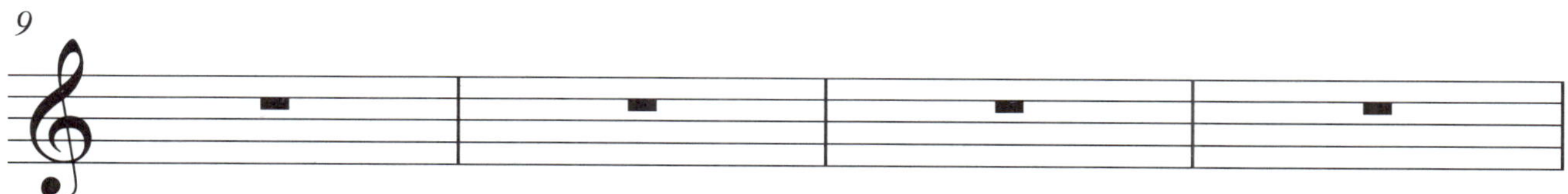

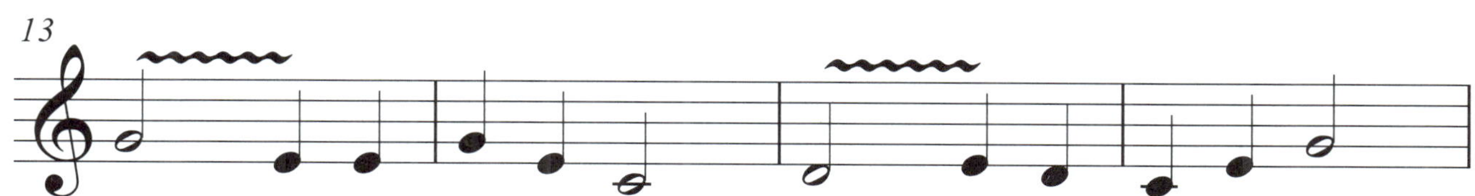

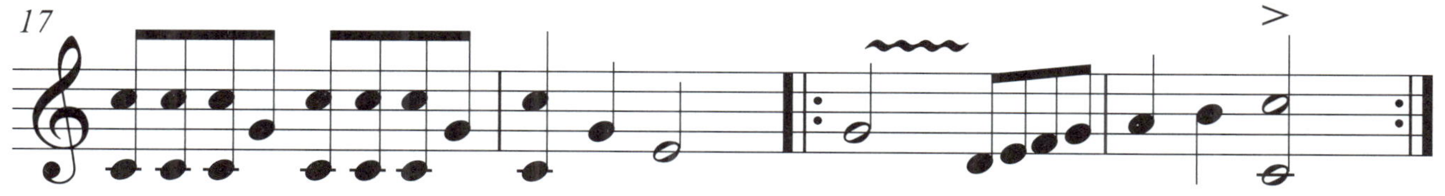

발표회를 위한

핸드벨 연주곡집

handbell

학예회를 위한 연주곡

오블라디 오블라다

J. 레논 & P. 매카트니 작사, 작곡

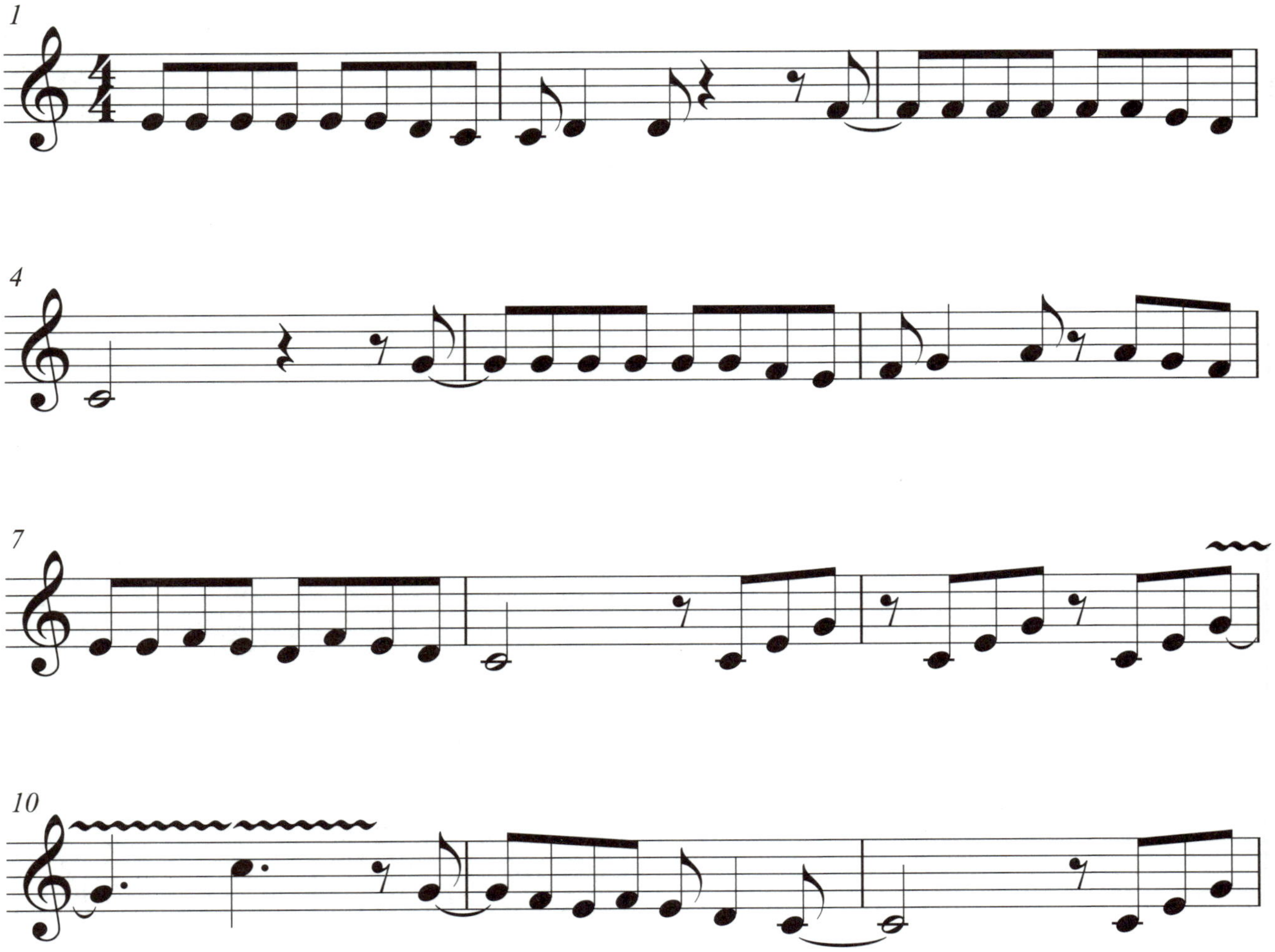

오블라디 오블라다

발표회를 위한
핸드벨 연주곡집

50
50
53
53
56
56
f
R
TD
R
TD

학교 가는 길

김광민 작곡

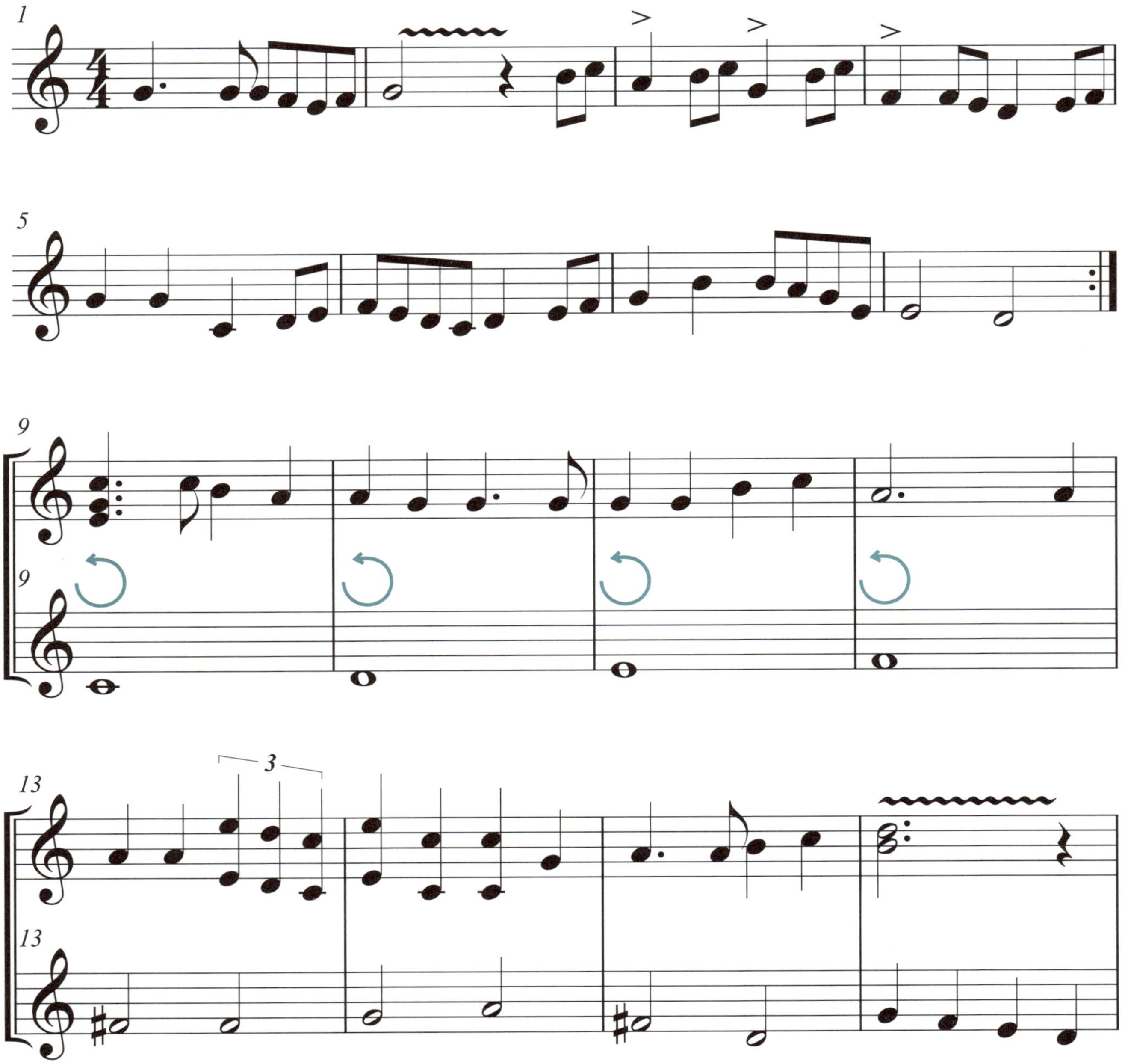

▶ 이 곡의 악보에 나와 있는 ↻(자이로)와 ↑(에코) 주법은 핸드벨의 종류에 따라 연주가 불가능한 경우도 있습니다. 그럴 경우엔 R(링) 주법으로 연주해도 무방합니다. 그리고 지도교사의 판단에 따라 두 주법을 서로 바꾸어서 지도해도 괜찮습니다. 단, ∿∿∿(셰이크) 주법은 윗 성부의 소리를 방해할 수 있으니 사용하지 않도록 주의해 주세요.

17
17
21
3
21
25
29
33
33

발돋움을 위한
핸드벨 연주곡집

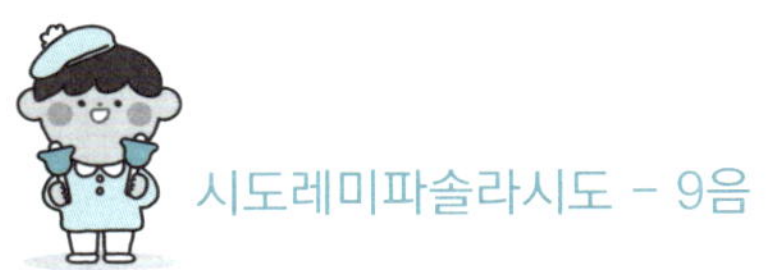

A Lover's Concerto

S. 린저 & D. 랜델 작곡

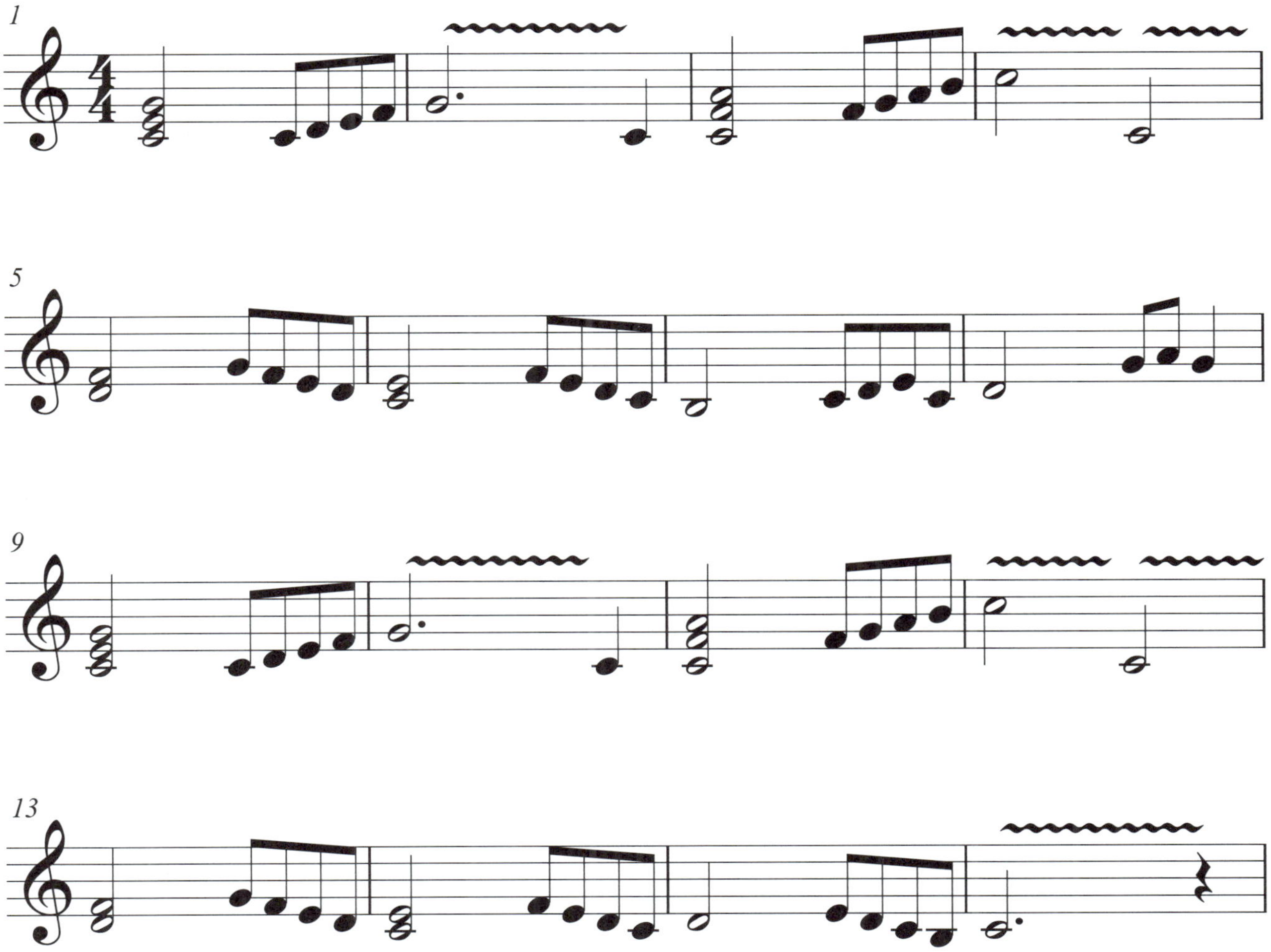

A Lover's Concerto

발표회를 위한
핸드벨 연주곡집

어머님 은혜

윤춘병 작사, 박재훈 작곡

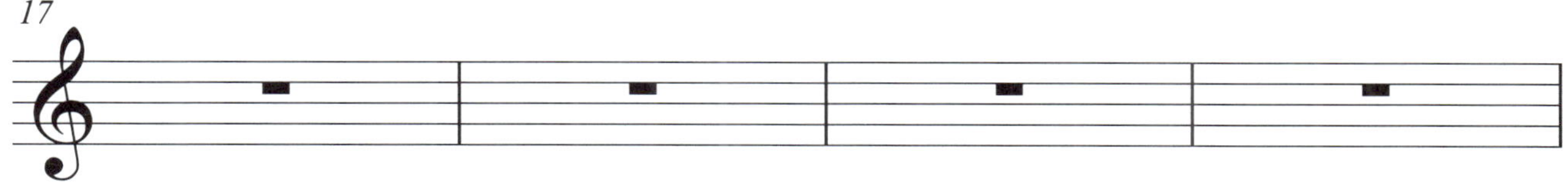

어머님 은혜

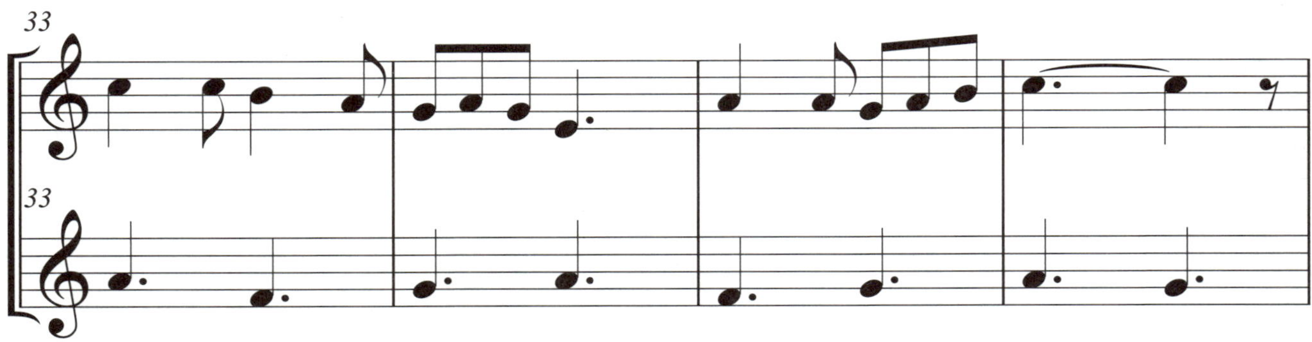

풍선

이두헌 작사, 김성호 작곡

▶ ⋏ 기호가 있는 부분에서는 핸드벨 연주 대신 '손뼉치기'와 '발구르기'와 같은 동작들로 특별함을 연출할 수 있습니다.

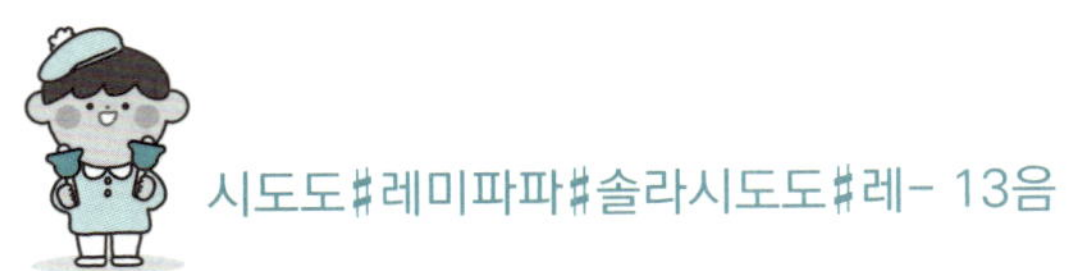

수고했어 오늘도

김윤주 작사, 작곡

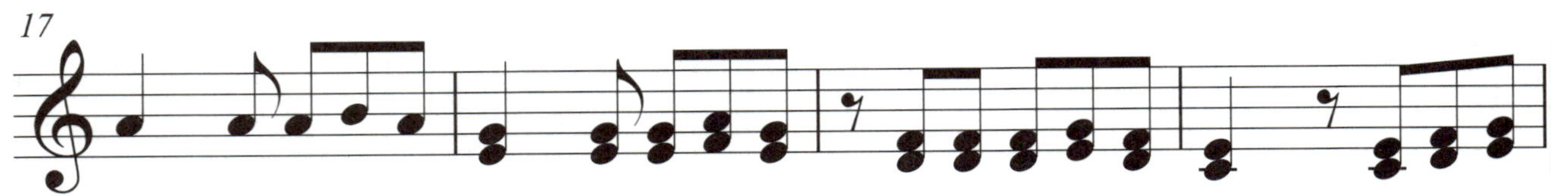

발표회를 위한 핸드벨 연주곡집

수고했어 오늘도

신호등

이무진 작사, 작곡

▶ 이 곡에 나와 있는 화음들은 지도 교사의 판단에 따라 적절하게 생략하거나 혹은 다르게 첨가해도 좋습니다. ↑(에코) 주법은 핸드벨의 종류에 따라 연주가 불가능한 경우도 있으니 그럴 경우엔 R(링) 주법으로 연주해도 무방합니다. 단,〜〜〜(셰이크) 주법은 곡의 분위기를 방해할 수 있으니 사용하지 않도록 주의해 주세요.

신호등

말틀리를 위한
핸드벨 연주곡집

Love Is...

김현철 작사, 작곡

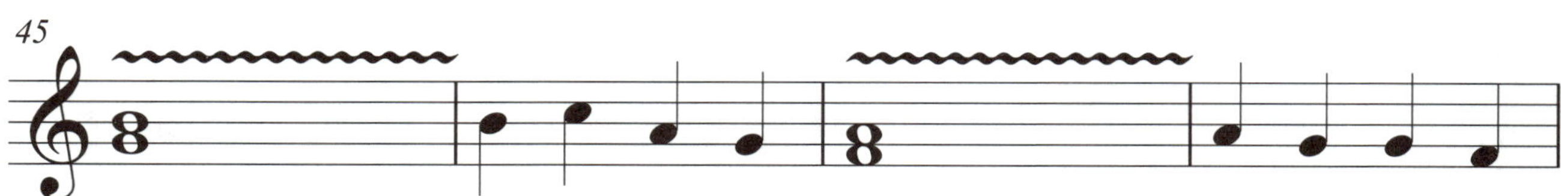

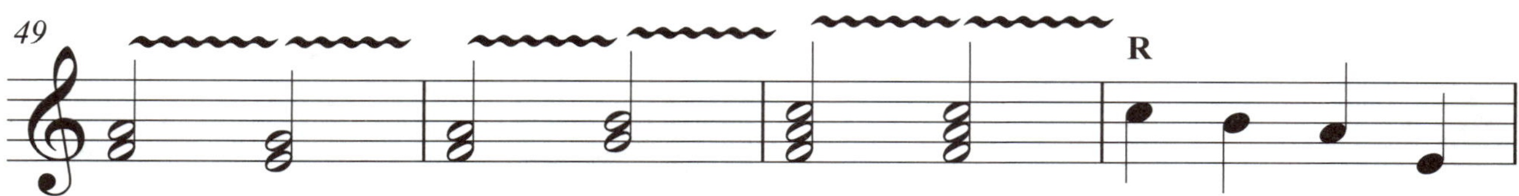

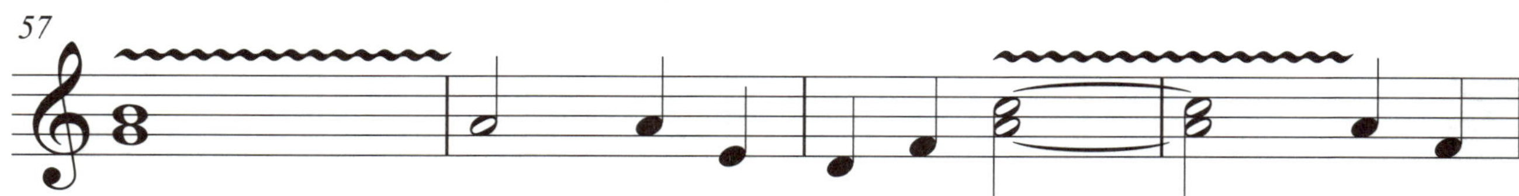

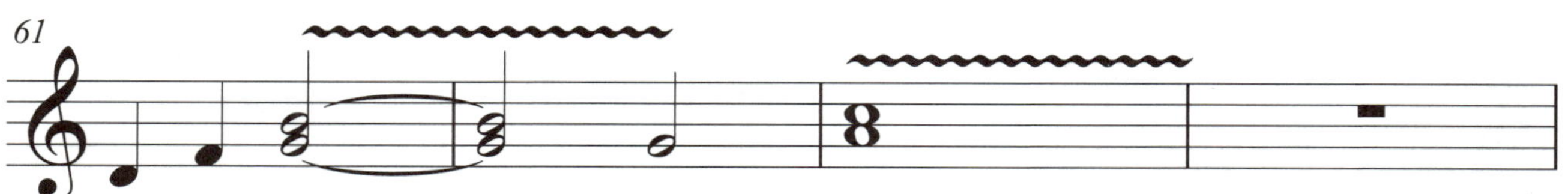

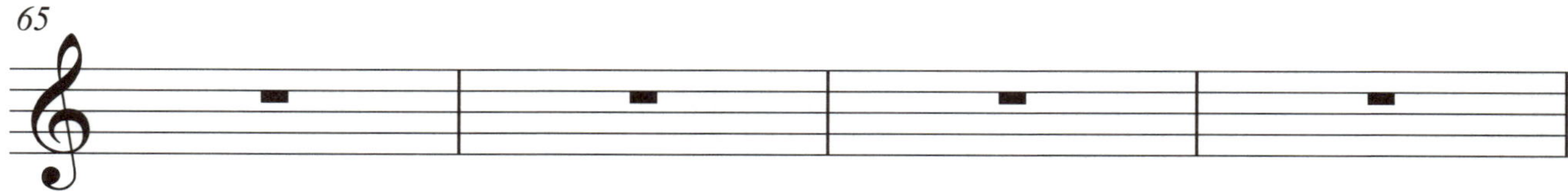

발표회를 위한
핸드벨 연주곡집

아름다운 세상

박학기 작사, 작곡

발표회를 위한
핸드벨 연주곡집

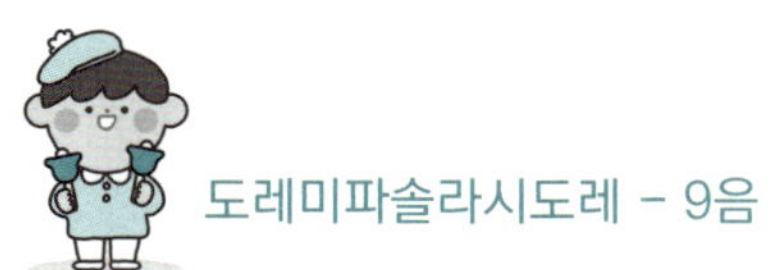

섬집아기

한인현 작사, 이흥렬 작곡

핸드벨 연주곡집

언제나 몇 번이라도

[센과 치히로의 행방불명 OST]

K. 유미 작곡

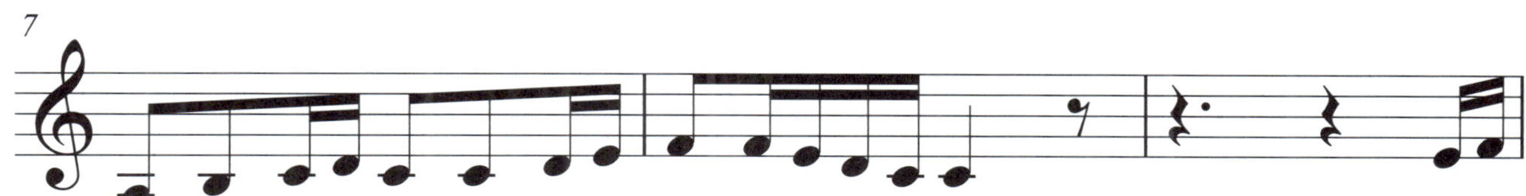

발표회를 위한
핸드벨 연주곡집

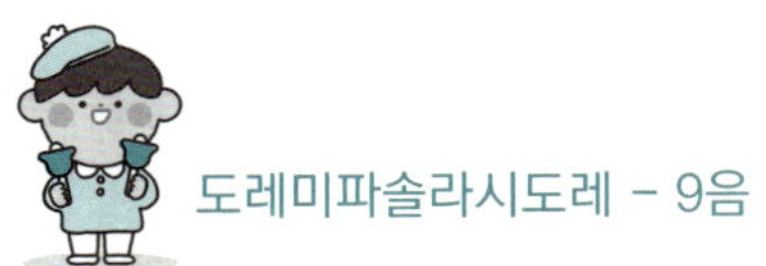

Puff The Magic Dragon

P. 야로우 & L. 립튼 작사, 작곡

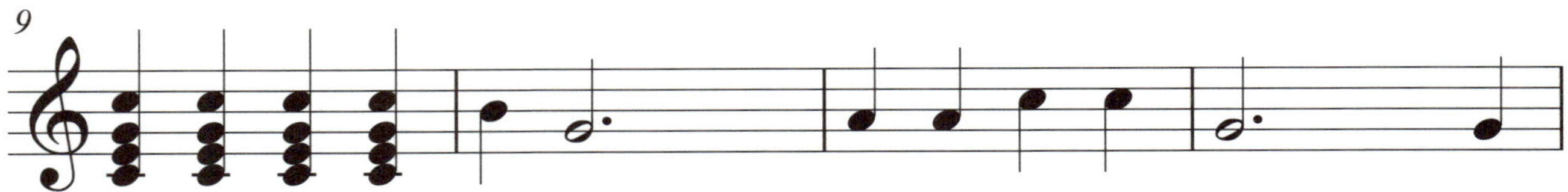

Over The Rainbow

[오즈의 마법사 OST]

H. 알렌 작곡

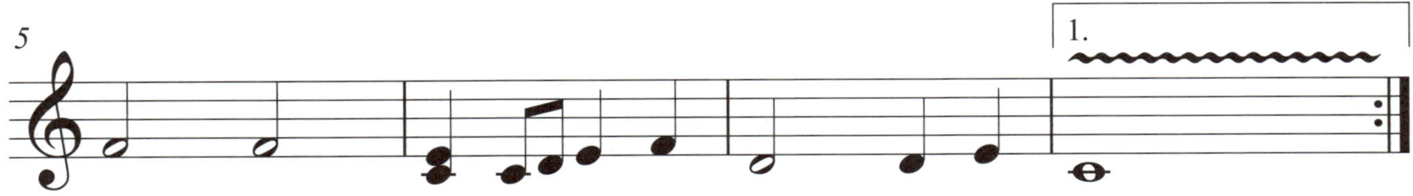

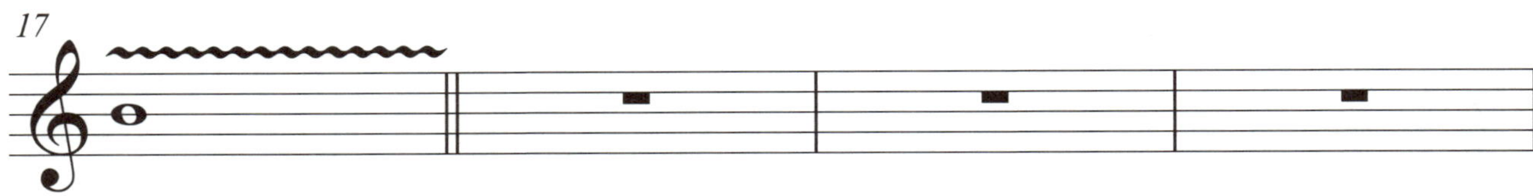

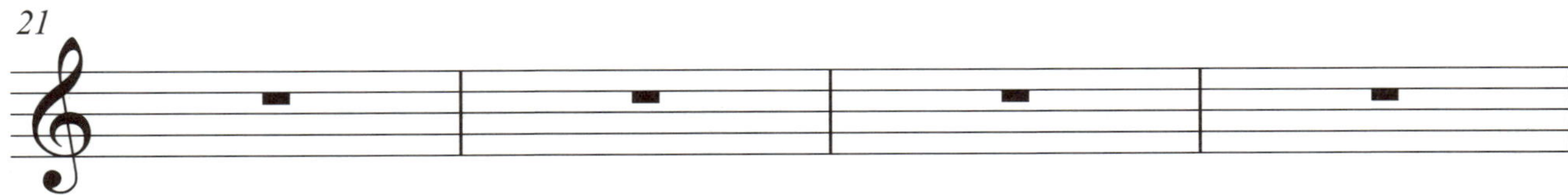

▶ ↻ (자이로) 주법은 핸드벨의 종류에 따라 연주가 불가능한 경우도 있습니다. 그럴 경우엔 R(링) 주법이나 〜〜〜(셰이크) 주법으로 연주해도 무방합니다. **LV**(렛 바이브레 이션) 주법이 있는 부분에선 부드럽게 음이 이어져 들리도록 연주하도록 합니다.

발표회를 위한
핸드벨 연주곡집

도레미파파#솔라시도레 – 10음

반주 QR

어메이징 그레이스

미국 민요

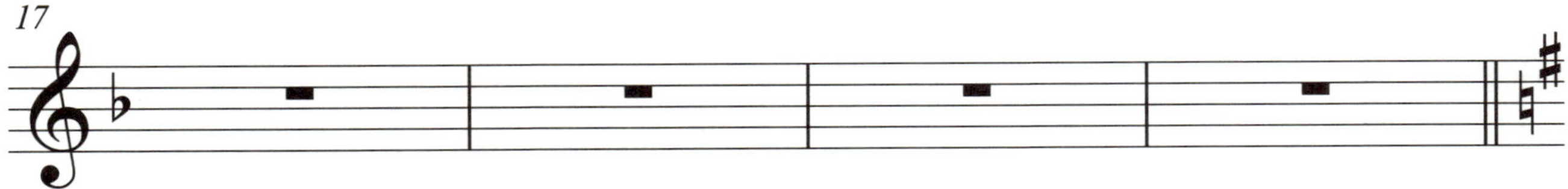

즐거운 여행자

F. W. 뮐러 작곡

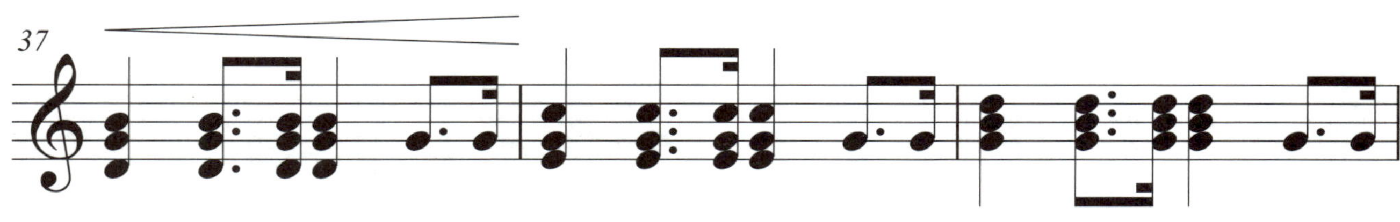

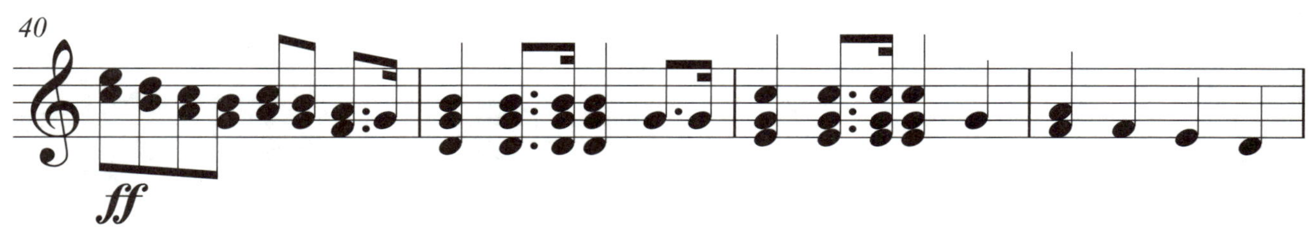

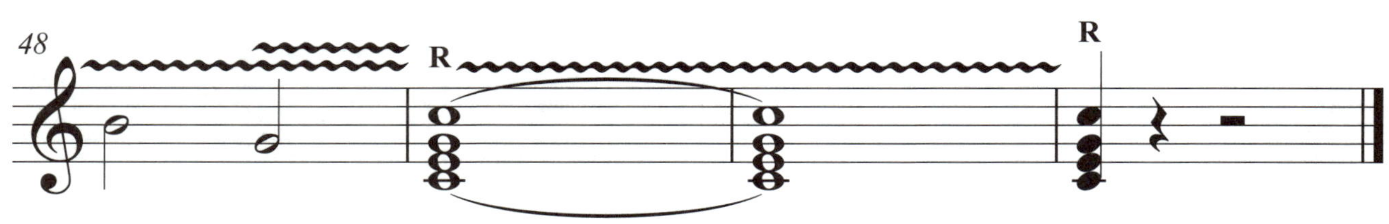

크리스마스를 위한 연주곡

기쁘다 구주 오셨네

G. F. 헨델 작곡

반주 QR

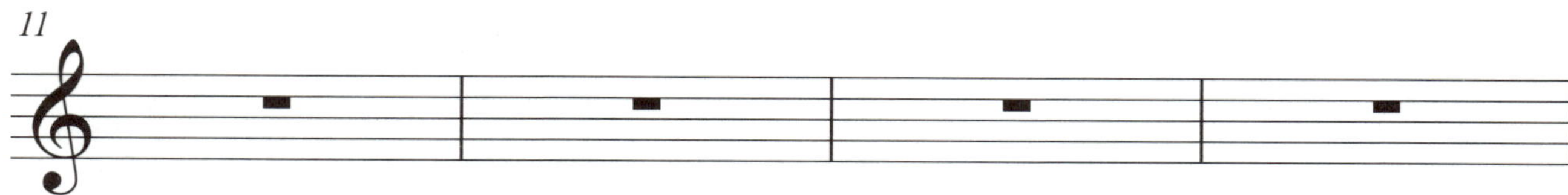

발표회를 위한
핸드벨 연주곡집

천사들의 노래가

프랑스 캐럴

발표회를 위한
핸드벨 연주곡집

반주 QR

저 들 밖에 한밤중에

영국 캐럴

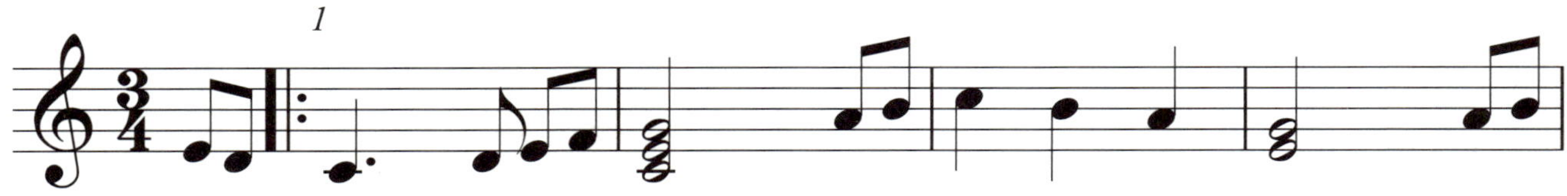

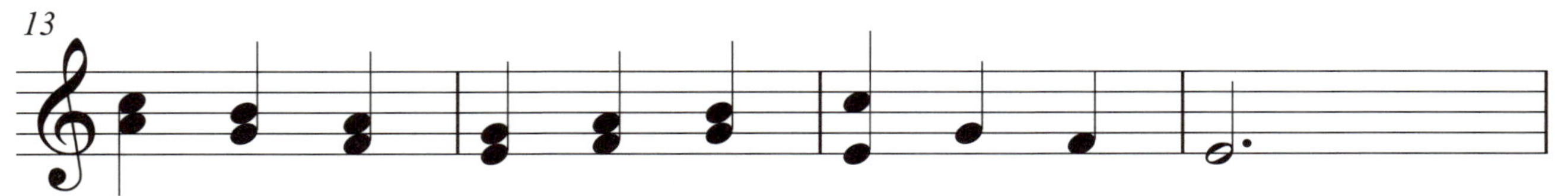

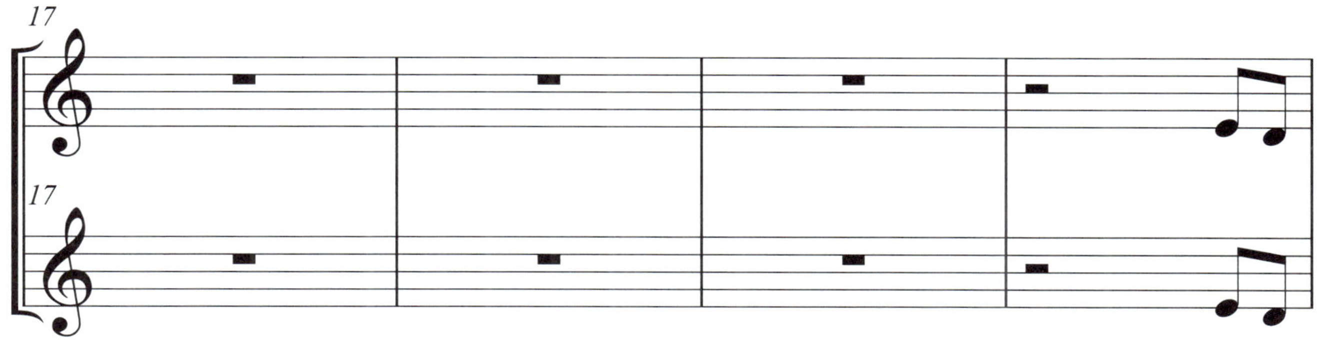

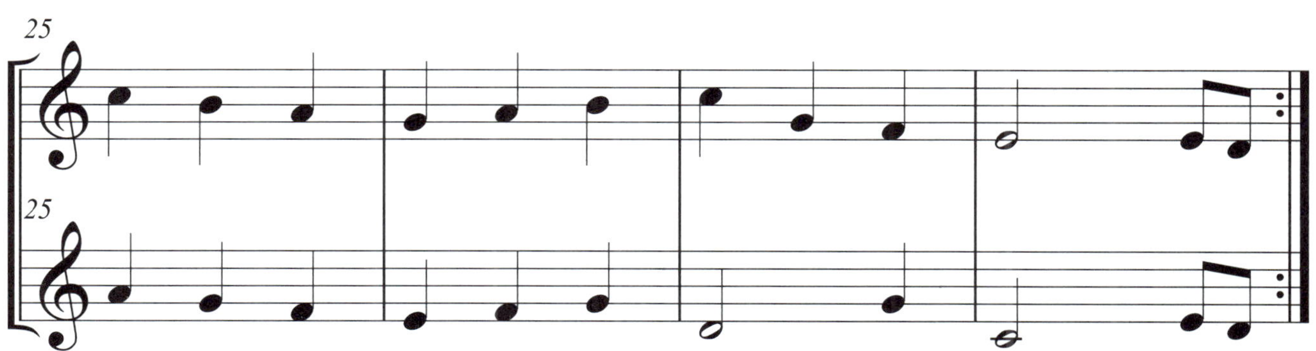

▶ ↑(에코) 주법은 핸드벨의 종류에 따라 연주가 불가능한 경우도 있으니 그럴 경우엔 R(링) 주법으로 연주해도 무방합니다. 단, 〜〜〜(셰이크) 주법은 윗 성부의 소리를 방해할 수 있으니 사용하지 않도록 주의해 주세요.

저 들 밖에 한밤중에

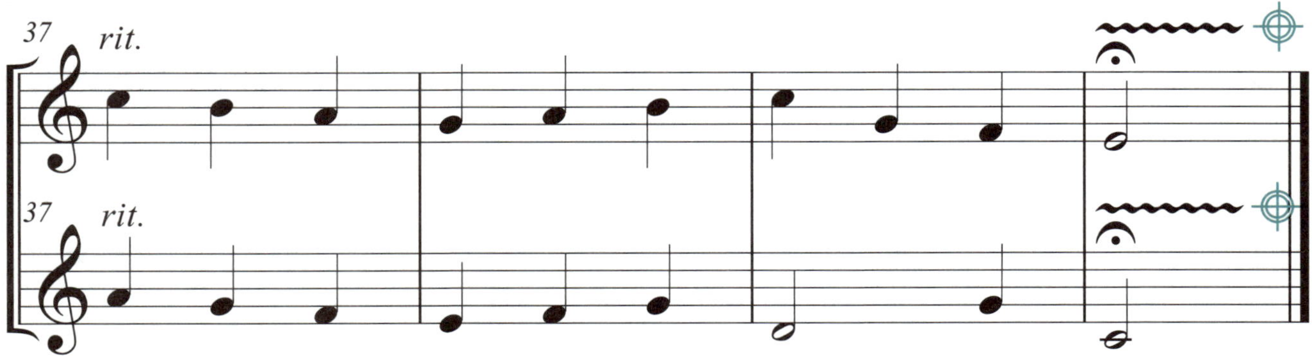

rit.
rit.

발표회를 위한
핸드벨 연주곡집

반주 QR

크리스마스에는 축복을

김현철 작사, 작곡

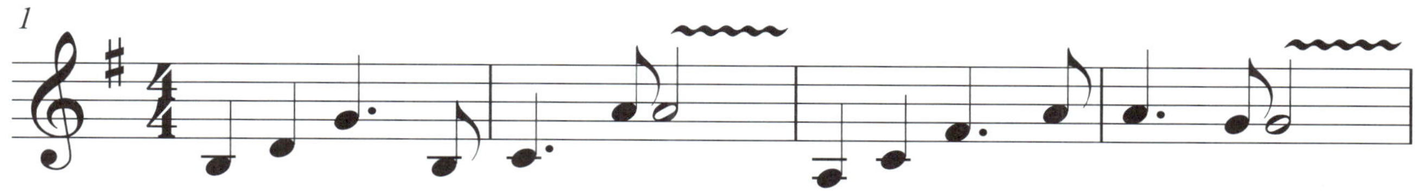

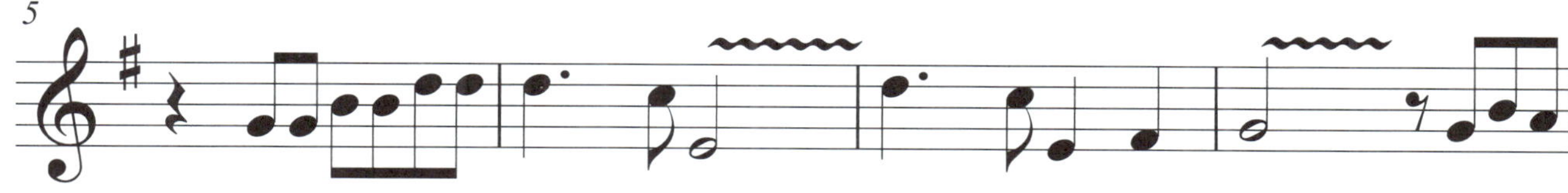

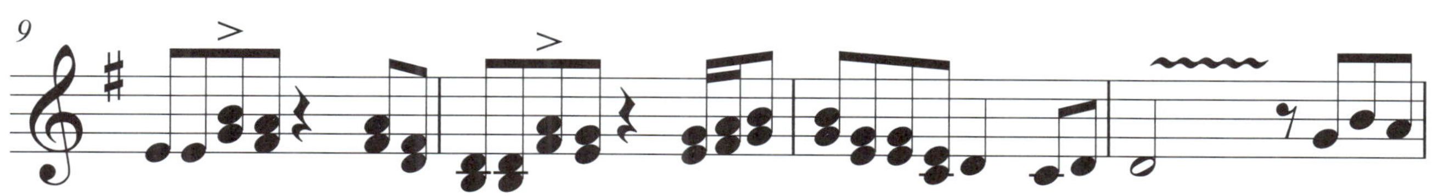

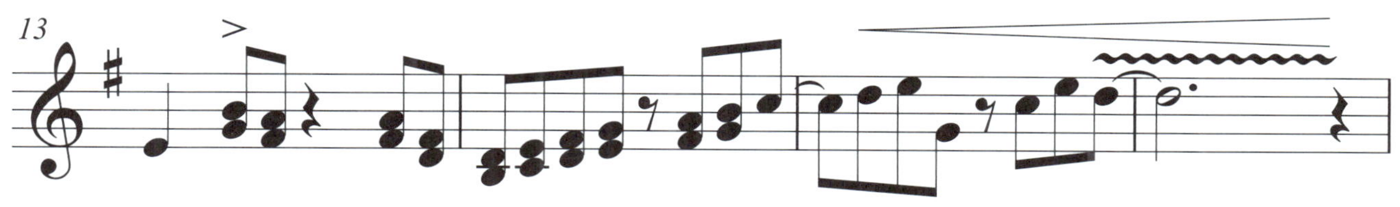

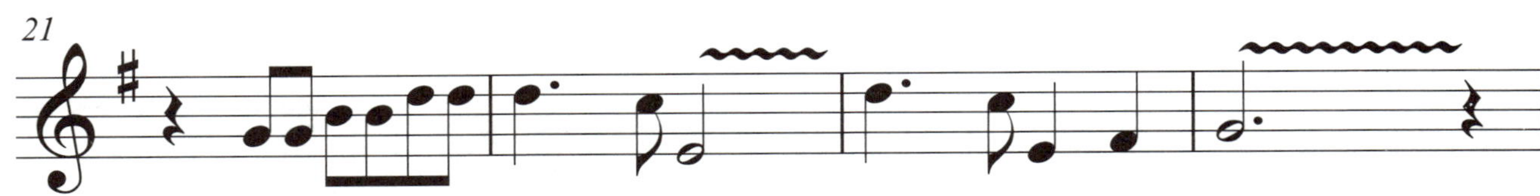

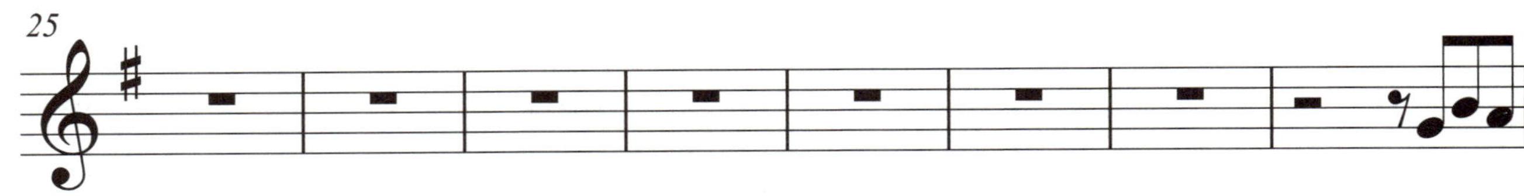

▶ 마지막 주법 기호 ┆는 셰이크 주법을 하면서 핸드벨을 위로 점점 올리는 동작을 의미합니다. 그렇게 마무리함으로써 크리스마스의 특별한 분위기도 연출해 볼 수 있겠죠?

반주 QR

징글벨

J. 피어폰트 작곡

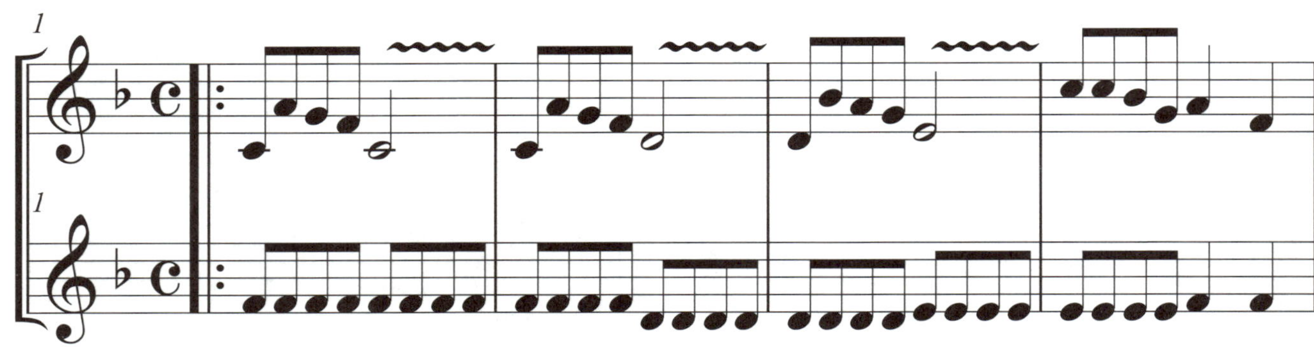

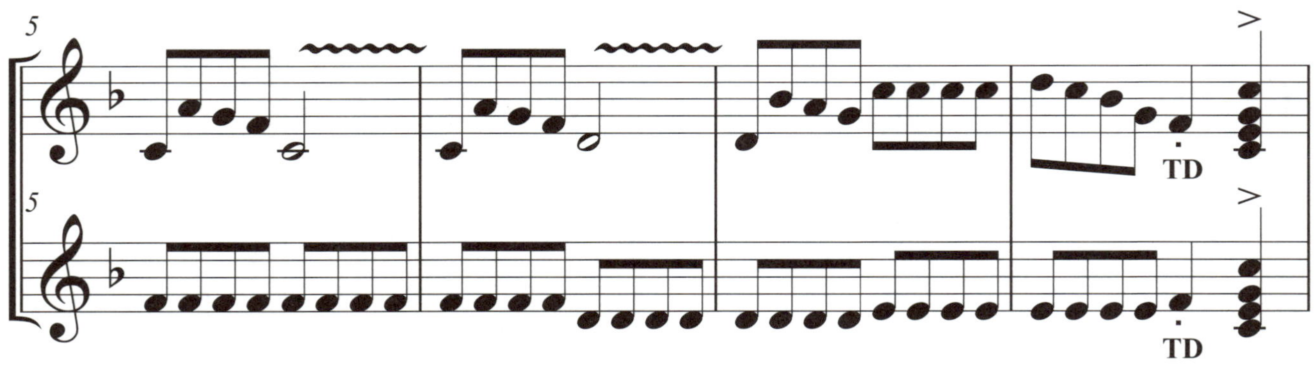

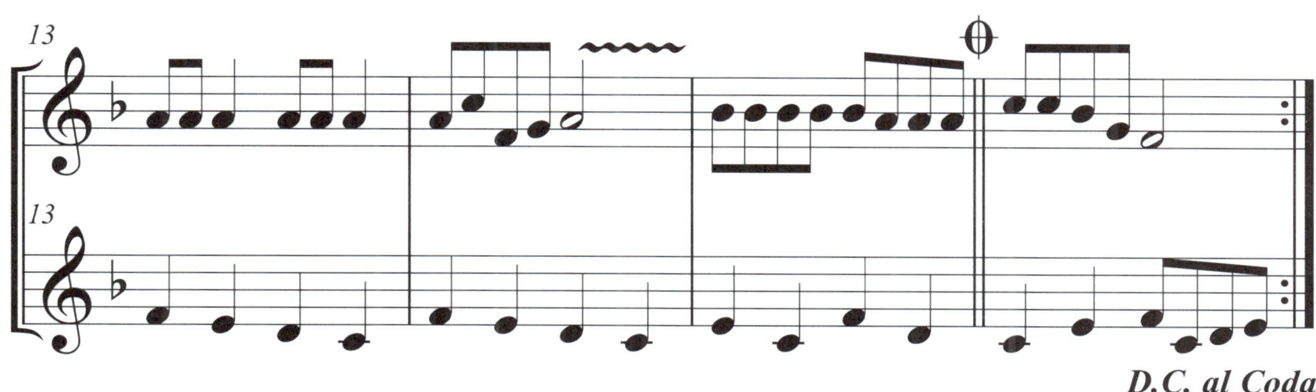
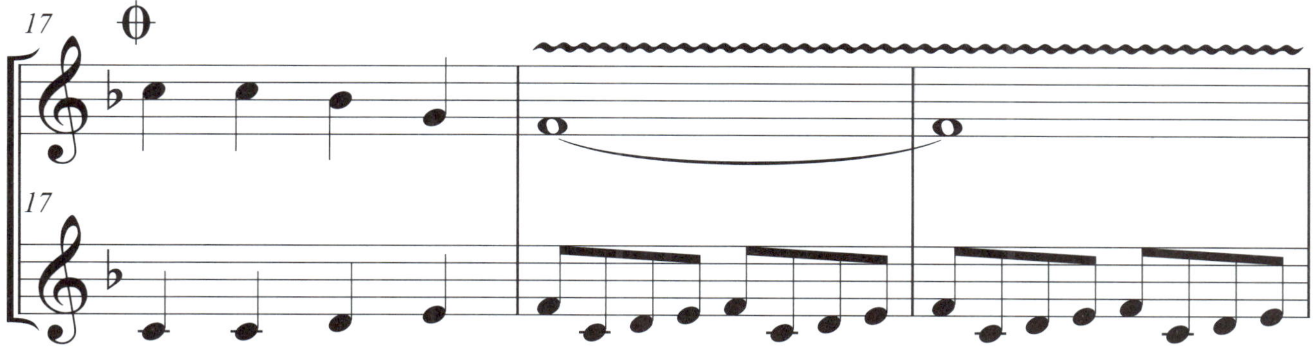

D.C. al Coda

저자
박장희

학력 | 홍익대학교 영어교육과 졸업
서울교육대학교 졸업(초등음악교육 전공)
서울교육대학교 교육전문대학원 초등 영어교육학 석사

경력 | 현재 초등학교 교사로 재직중
핸드벨 교육지도사 1급 자격증(한국 핸드벨 교육 협회(KHEA) 주관)
핸드벨 연주를 통한 무대, 대회 지도경험 다수

발표회를 위한
핸드벨
연주곡집

발행일 2025년 12월 10일

저자 박장희
발행인 최우진
디자인 김세린 **표지디자인** 박은미

발행처 그래서음악(somusic)
출판등록 2020년 6월 11일 제 2020-000060호
주소 경기도 성남시 분당구 정자일로 177
전화 031-623-5231 **팩스** 031-990-6970
이메일 book@somusic.co.kr

ISBN 979-11-24047-18-7(93670)